la escuela - iskola	2
el viaje - utazás	5
el transporte - közlekedés	8
la ciudad - város	10
el paisaje - táj	14
el restaurante - étterem	17
el supermercado - szupermarket	20
las bebidas - italok	22
la comida - étel	23
la granja - gazdálkodás	27
la casa - ház	31
la sala - nappali	33
la cocina - konyha	35
el cuarto de baño - fürdőszoba	38
la habitación de los niños - gyerekszoba	42
la ropa - ruházat	44
la oficina - iroda	49
la economía - gazdaság	51
los oficios - foglalkozások	53
las herramientas - szerszámok	56
los instrumentos musicales - hangszerek	57
el zoo - állatkert	59
los deportes - sportok	62
las actividades - tevékenységek	63
la familia - család	67
el cuerpo - test	68
el hospital - kórház	72
la urgencia - vészhelyzet	76
la tierra - föld	77
hora(s) - óra	79
la semana - hét	80
el año - év	81
las formas - alakzatok	83
colores - színek	84
los opuestos - ellentétek	85
los números - számok	88
los idiomas - nyelvek	90
quién / qué / cómo - ki / mi / hogyan	91
dónde - hol	92

Impressum
Verlag: BABADADA GmbH, Nedderfeld 112 , 22529 Hamburg
Geschäftsführer / Verlagsleitung: Harald Hof
Druck: Books on Demand GmbH, In de Tarpen 42, 22848 Norderstedt

Imprint
Publisher: BABADADA GmbH, Nedderfeld 112 , 22529 Hamburg, Germany
Managing Director / Publishing direction: Harald Hof
Print: Books on Demand GmbH, In de Tarpen 42, 22848 Norderstedt, Germany

1

la escuela

iskola

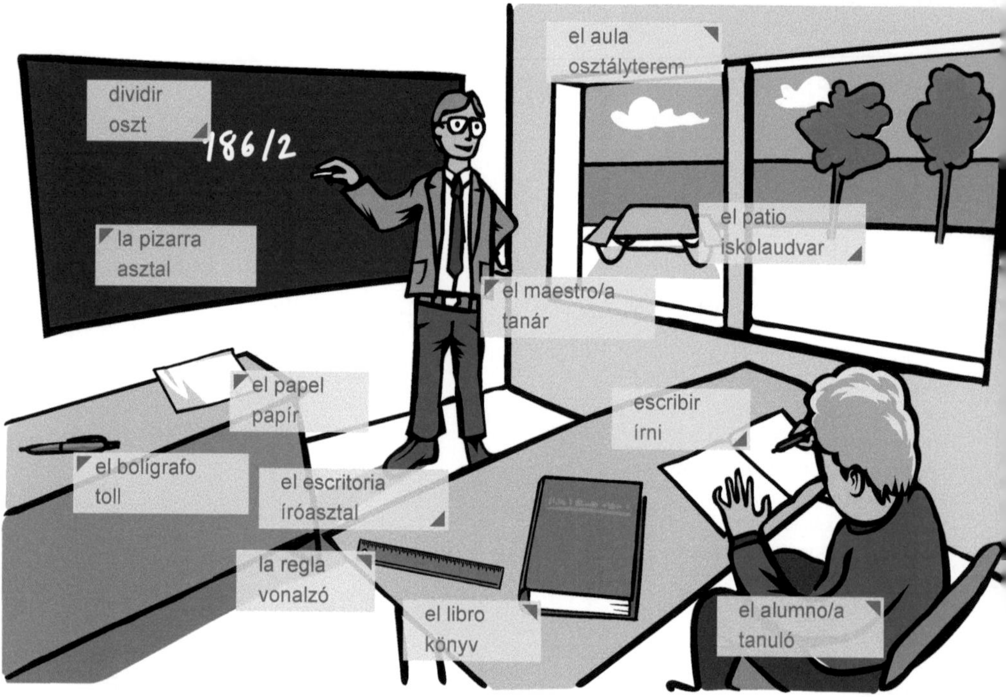

el aula
osztályterem
dividir
oszt
186/2
la pizarra
asztal
el patio
iskolaudvar
el maestro/a
tanár
el papel
papír
escribir
írni
el bolígrafo
toll
el escritoria
íróasztal
la regla
vonalzó
el libro
könyv
el alumno/a
tanuló

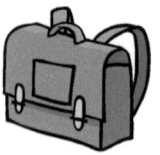

la cartera

iskolatáska

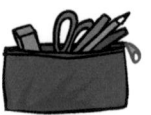

la caja de lápices

tolltartó

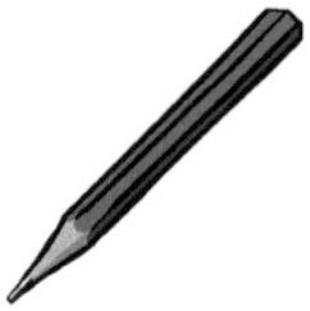

el lápiz

ceruza

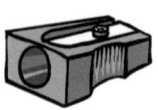

el sacapuntas

ceruzahegyező

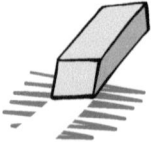

la goma de borrar

radír

el cuaderno de dibujo

rajzfüzet

el dibujo

rajz

el pincel

ecset

la caja de pinturas

festőkészlet

las tijeras

olló

el pegamento

ragasztó

el cuaderno de ejercicios

munkafüzet

los deberes

házi feladat

12

el número

szám

2+2

sumar

összead

5-2

restar

kivon

2×2

multiplicar

szoroz

calcular

számol

A

la letra

betű

ABCDEFG
HIJKLMN
OPQRSTU
VWXYZ

el alfabeto

ABC

hello

la palabra

szó

el texto

szöveg

leer

olvasni

la tiza

kréta

la lección

tanóra

el cuaderno de notas

napló

el examen

vizsga

el certificado

bizonyítvány

el uniforme

iskolai egyenruha

la educación

oktatás

la enciclopedia

enciklopédia

la universidad

egyetem

el microscopio

mikroszkóp

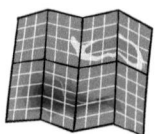

el mapa

térkép

la papelera

papír-hulladék gyűjtő

el viaje
utazás

el hotel
hotel
Grand
el albergue
szállás
ROOMS
ficina de cambio de divisas
ıtaváltó iroda
la maleta
bőrönd
el coche
autó

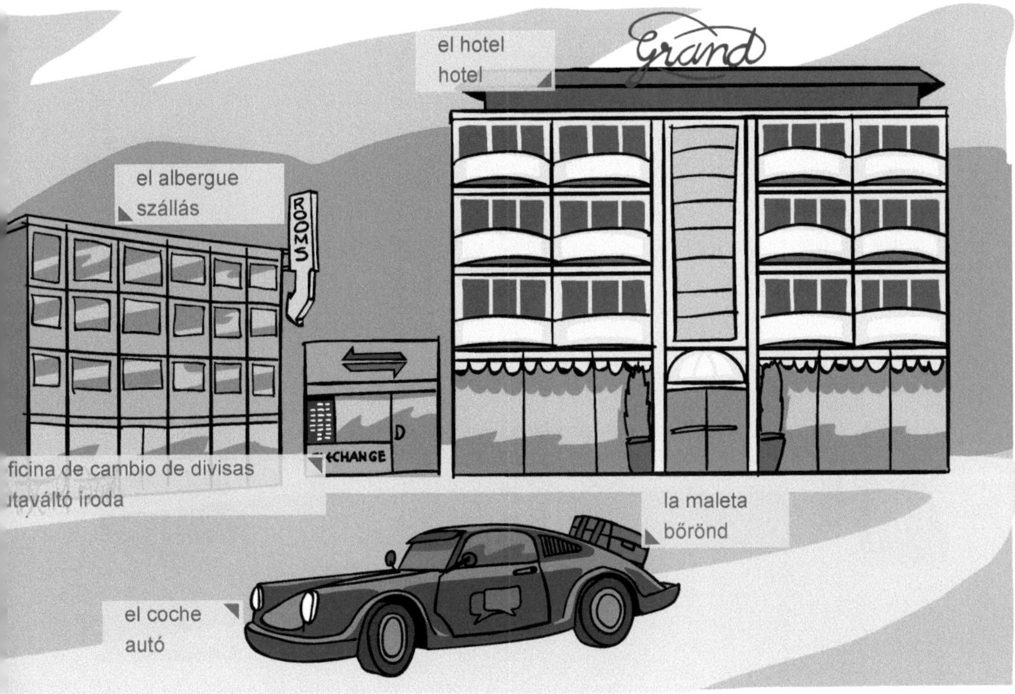

el idioma
nyelv

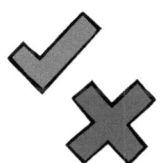

sí / no
igen/nem

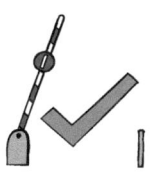

Vale
rendben

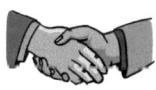

hola
szia

el traductor
fordító

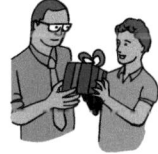

Gracias
köszönöm

¿cuánto es…?

mennyibe kerül…?

No entiendo

nem értem

el problema

probléma

¡Buenas tardes!

Jó estét!

¡Buenos días!

jó reggelt!

¡Buenas noches!

jó éjszakát!

adiós

viszontlátásra

la dirección

útirány

el equipaje

poggyász

la bolsa

táska

la mochila

hátizsák

el invitado

vendég

la habitación

szoba

el saco de dormir

hálózsák

la tienda de campaña

sátor

la información turística

turista információ

la playa

strand

la tarjeta de crédito

hitelkártya

el desayuno

reggeli

el almuerzo

ebéd

la cena

vacsora

el billete

jegy

el ascensor

lift

el sello

bélyeg

la frontera

határ

la aduana

vám

la embajada

nagykövetség

la visa

vízum

el pasaporte

útlevél

el transporte
közlekedés

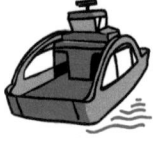

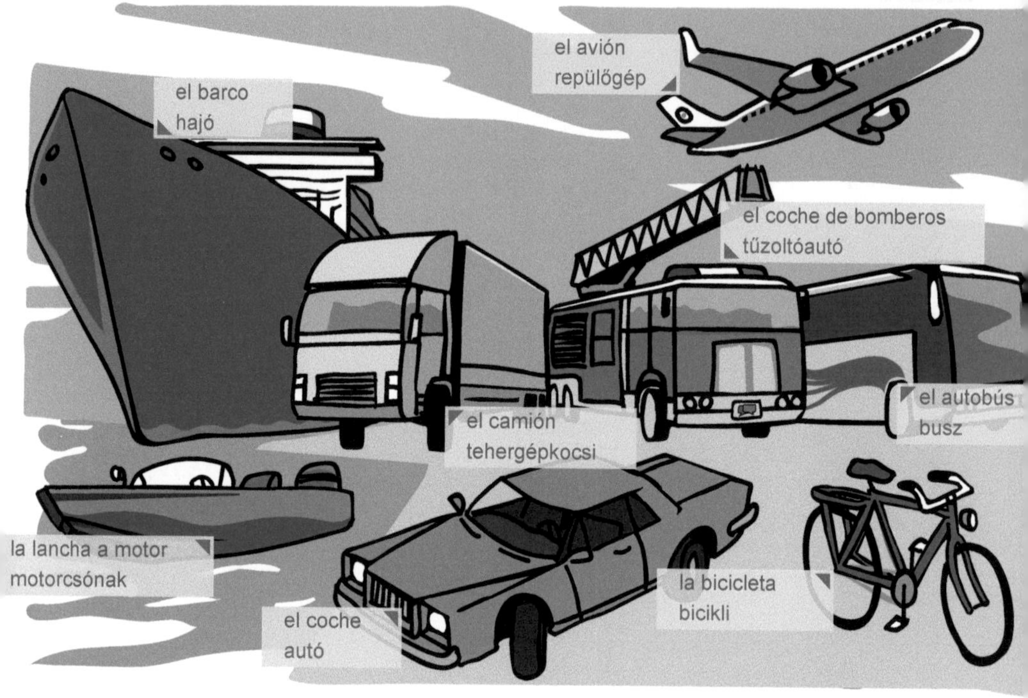
el avión
repülőgép
el barco
hajó
el coche de bomberos
tűzoltóautó
el autobús
busz
el camión
tehergépkocsi
la lancha a motor
motorcsónak
la bicicleta
bicikli
el coche
autó

el transbordador

komp

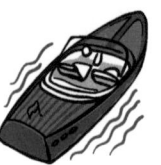

la barca

csónak

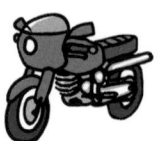

la moto

motorkerékpár

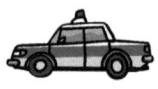

el coche de policía

rendőrautó

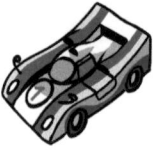

el coche de carreras

versenyautó

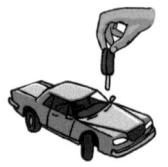

el coche de alquiler

bérautó

| préstamo de vehículos | la grúa | el camión de la basura |
| telekocsi | vontató | szemetes autó |

| el motor | la gasolina | la gasolinera |
| motor | üzemanyag | benzinkút |

 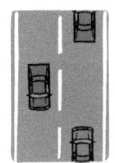 

| la señal de tráfico | el tráfico | el atasco |
| közlekedési tábla | forgalom | forgalmi dugó |

| el aparcamiento | la estación de tren | las vías |
| parkoló | vonatállomás | sínek |

 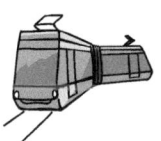 

| el tren | el tranvía | el vagón |
| vonat | villamos | vagon |

el helicóptero

helikopter

el aeropuerto

repülőtér

la torre

torony

el pasajero

utas

el contenedor

konténer

la caja de cartón

kartondoboz

la carretilla

taliga

la cesta

kosár

despegar / aterrizar

felszáll / leszáll

la ciudad

város

el pueblo

falu

el centro de la ciudad

városközpont

la casa

ház

el cine
mozi

el anuncio
hirdetés

la farola
utcai lámpa

CINEMA

la calle
utca

el taxi
taxi

el quiosco
újságosbódé

el peatón
gyalogos

la acera
járda

el cruce
kereszteződés

el paso de cebra
gyalogos átkelő

el semáforo
közlekedési lámpa

ontenedor de basura
netes

la cabaña
kunyhó

el apartamento
lakás

la estación de tren
vonatállomás

el ayuntamiento
városháza

el museo
múzeum

la escuela
iskola

la ciudad - város

la universidad

egyetem

el banco

bank

el hospital

kórház

el hotel

hotel

la farmacia

gyógyszertár

la oficina

iroda

la librería

könyvesbolt

la tienda de campaña

üzlet

la floristería

virágüzlet

el supermercado

szupermarket

el mercado

piac

los grandes almacenes

áruház

la pescadería

halárus

el centro comercial

bevásárló központ

el puerto

kikötő

la ciudad - város

el parque

park

el banco

pad

el puente

híd

las escaleras

lépcső

el metro

metró

el túnel

alagút

la parada de autobús

buszmegálló

el bar

bár

el restaurante

étterem

el buzón

postaláda

el poste indicador

utcatábla

el parquímetro

parkoló óra

el zoo

állatkert

la piscina

uszoda

la mezquita

mecset

la granja

gazdálkodás

la contaminación

környezetszennyezés

el cementerio

temető

la iglesia

templom

el patio de juego

játszótér

el templo

szentély

el paisaje
táj

la hoja
levél

la señal
útjelző tábla

el camino
út

el prado
rét

la piedra
kő

el excursionista
túrázó

el árbol
fa

el río
folyó

la hierba
fű

la flor
virág

el paisaje - táj

el valle völgy	la colina domb	el lago tó
	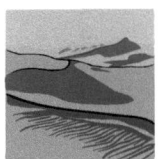	
el bosque erdő	el desierto sivatag	el volcán vulkán

el castillo kastély	el arcoíris szivárvány	el champiñón gomba

la palmera pálmafa	el mosquito szúnyog	la mosca légy

la hormiga hangya	la abeja méhecske	la araña pók

el escarabajo

bogár

la rana

béka

la ardilla

mókus

el erizo

sündisznó

la liebre

nyúl

la lechuza

bagoly

el pájaro

madár

el cisne

hattyú

el jabalí

vaddisznó

el ciervo

szarvas

el alce

rénszarvas

la presa

gát

la turbina eólica

szélturbina

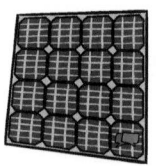

el panel solar

napelem

el clima

éghajlat

el restaurante

étterem

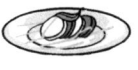

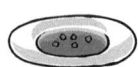

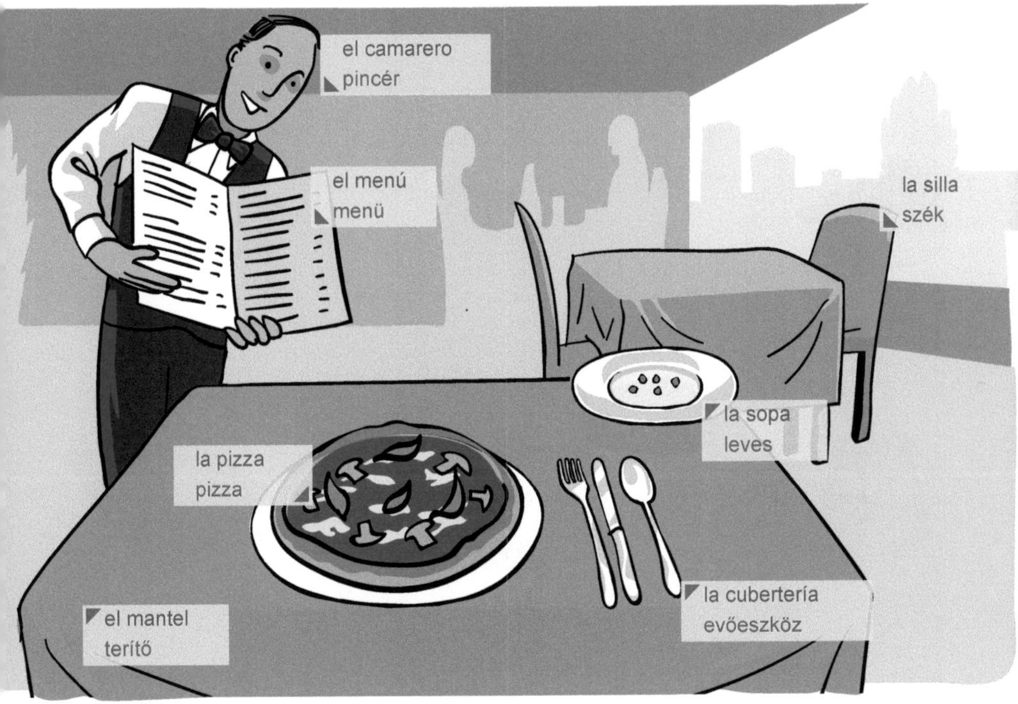

el camarero
pincér
el menú
menü
la silla
szék
la sopa
leves
la pizza
pizza
la cubertería
evőeszköz
el mantel
terítő

el primer plato

előétel

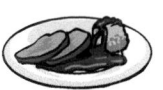

el plato principal

főétel

el postre

desszert

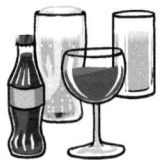

las bebidas

italok

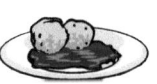

la comida

étel

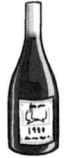

la botella

üveg

la comida rápida

gyorsétel

la comida callejera

gyorsétel

la tetera

teás kanna

el azucarero

cukortartó

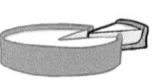

la porción

adag

la cafetera expreso

eszpresszógép

la trona

bárszék

la cuenta

számla

la bandeja

tálca

el cuchillo

kés

el tenedor

villa

la cuchara

kanál

la cucharilla

teáskanál

la servilleta

szalvéta

el vaso

pohár

el restaurante - étterem

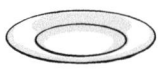

el plato

tányér

el plato hondo

leveses tányér

el platillo

csészealj

la salsa

szósz

el salero

sószóró

el molinillo de pimienta

borsőrlő

el vinagre

ecet

el aceite

étkezési olaj

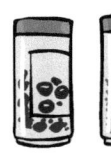

las especias

fűszerek

el ketchup

ketchup

la mostaza

mustár

la mayonesa

majonéz

el supermercado
szupermarket

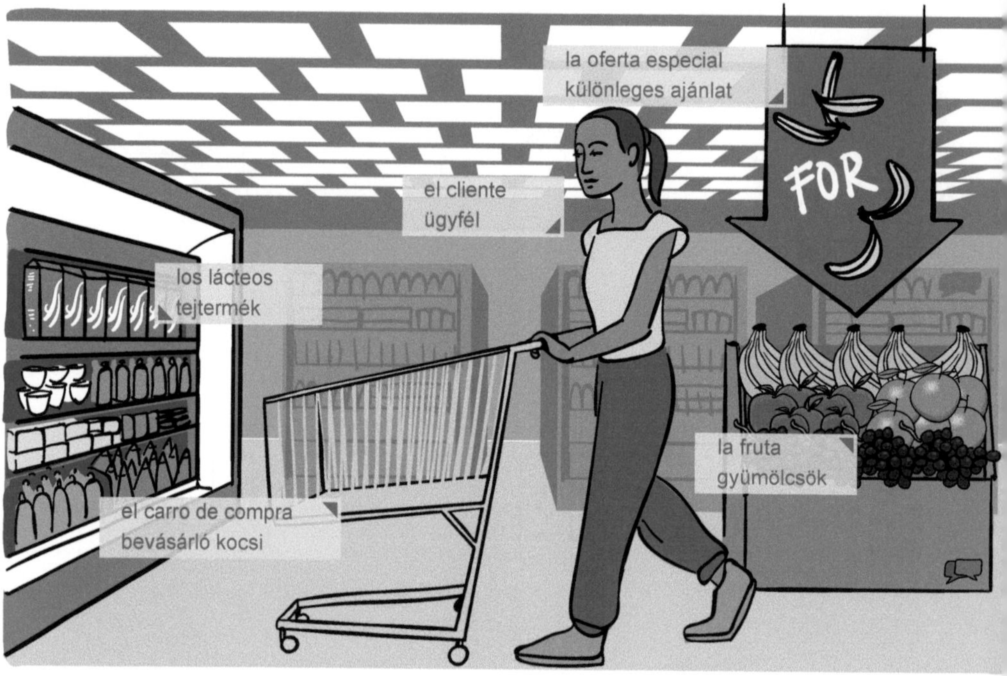

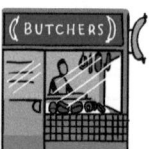

la oferta especial
különleges ajánlat
FOR
el cliente
ügyfél
los lácteos
tejtermék
la fruta
gyümölcsök
el carro de compra
bevásárló kocsi

BUTCHERS

la carniceria

hentes

BAKERY

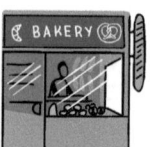

la panadería

pékség

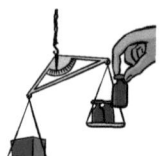

pesar

nyom valamennyit

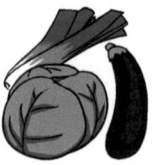

las verduras

zöldség

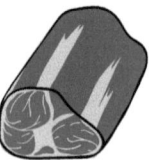

la carne

hús

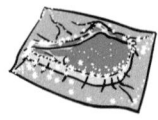

los alimentos congelados

fagyasztott áru

los fiambres	las conservas	el detergente en polvo
felvágott	konzerv	mosópor

los dulces	productos de uso doméstico	productos de limpieza
édességek	háztartási termék	tisztítószerek

la vendedora	la caja de cartón	el cajero
eladó	pénztárgép	eladó

la lista de la compra	el horario de atención al público	la cartera
bevásárló lista	nyitva tartás	levéltárca

la tarjeta de crédito	la bolsa de plástico	la bolsa de plástico
hitelkártya	zacskó	műanyag zacskó

el agua

víz

el zumo

gyümölcslé

la leche

tej

la cola

kóla

el vino

bor

la cerveza

sör

el alcohol

alkohol

el cacao

kakaó

el té

tea

el café

kávé

el expreso

eszpresszó

el capuchino

kapucsínó

el plátano

banán

la manzana

alma

la naranja

narancs

el melón

sárgadinnye

el limón

citrom

la zanahoria

sárgarépa

el ajo

fokhagyma

el bambú

bambusz

la cebolla

hagyma

el champiñón

gomba

las avellanas

magvak

los fideos

nokedli

las espagueti

spagetti

el arroz

rizs

la ensalada

saláta

las patatas fritas

sült krumpli

las patatas fritas

sült burgonya

la pizza

pizza

la hamburguesa

hamburger

el sándwich

szendvics

el filete

hússzelet

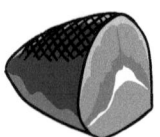

el jamón

sonka

le salami

szalámi

la salchicha

kolbász

el pollo

csirke

el asado

pecsenye

el pescado

hal

los copos de avena

zabkása

el muesli

müzli

los copos de maíz

kukoricapehely

la harina

liszt

el cruasán

croissant

el panecillo

zsemle

el pan

kenyér

la tostada

pirítós kenyér

las galletas

keksz

la mantequilla

vaj

la cuajada

túró

el pastel

sütemény

el huevo

tojás

el huevo frito

tükörtojás

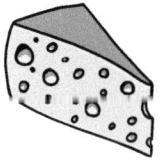

el queso

sajt

la comida - étel

el helado

jégkrém

el azúcar

cukor

la miel

méz

la mermelada

lekvár

la crema de turrón

mogyorókrém

el curry

curry

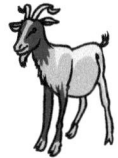

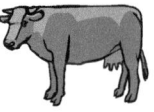

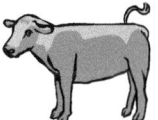

la granja
gazdálkodás

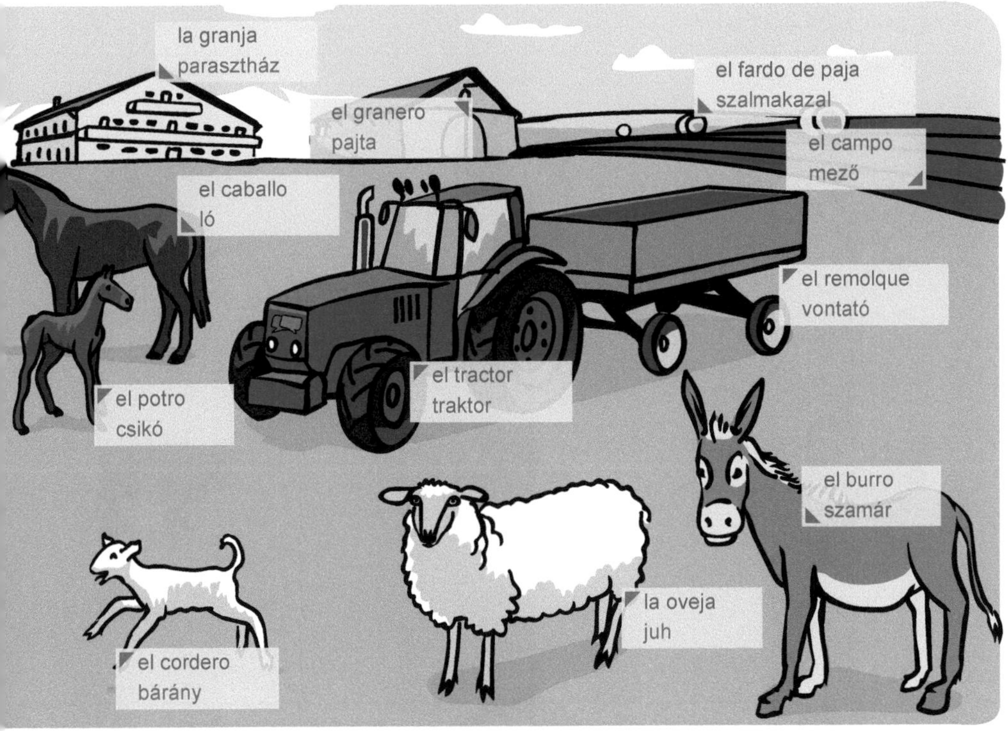
la granja
parasztház
el granero
pajta
el fardo de paja
szalmakazal
el campo
mező
el caballo
ló
el remolque
vontató
el tractor
traktor
el potro
csikó
el burro
szamár
la oveja
juh
el cordero
bárány

la cabra
....
kecske

la vaca
....
tehén

el ternero
....
borjú

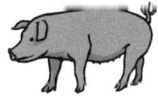

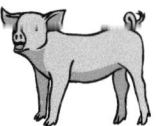

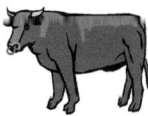

el cerdo
....
malac

el cerdito
....
kismalac

el toro
....
bika

el ganso
liba

el pato
kacsa

el pollo
csibe

la gallina
tojó

el gallo
kakas

la rata
patkány

el gato
macska

el ratón
egér

el buey
ökör

el perro
kutya

la perrera
kutyaház

la manguera
kerti öntözőcső

la regadera
öntözőkanna

la guadaña
kasza

el arado
eke

la hoz

sarló

la azada

kapa

la horca

vasvilla

el hacha

fejsze

la carretilla

talicska

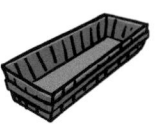

el abrevadero

teknő

la lechera

tejes kancsó

el saco

zsák

la valla

kerítés

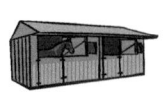

el establo

istálló

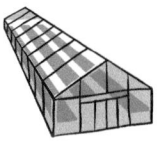

el invernadero

üvegház

el suelo

talaj

la semilla

vetőmag

el fertilizador

trágya

la cosechadora

cséplőgép

cosechar

szüretelni

la cosecha

betakarítás

el ñame

yamgyökér

el trigo

búza

el soja

szója

la patata

burgonya

el maíz

kukorica

la semilla de colza

repcemag

el árbol frutal

gyümölcsfa

la mandioca

manióka

las cereales

gabona

la casa
ház

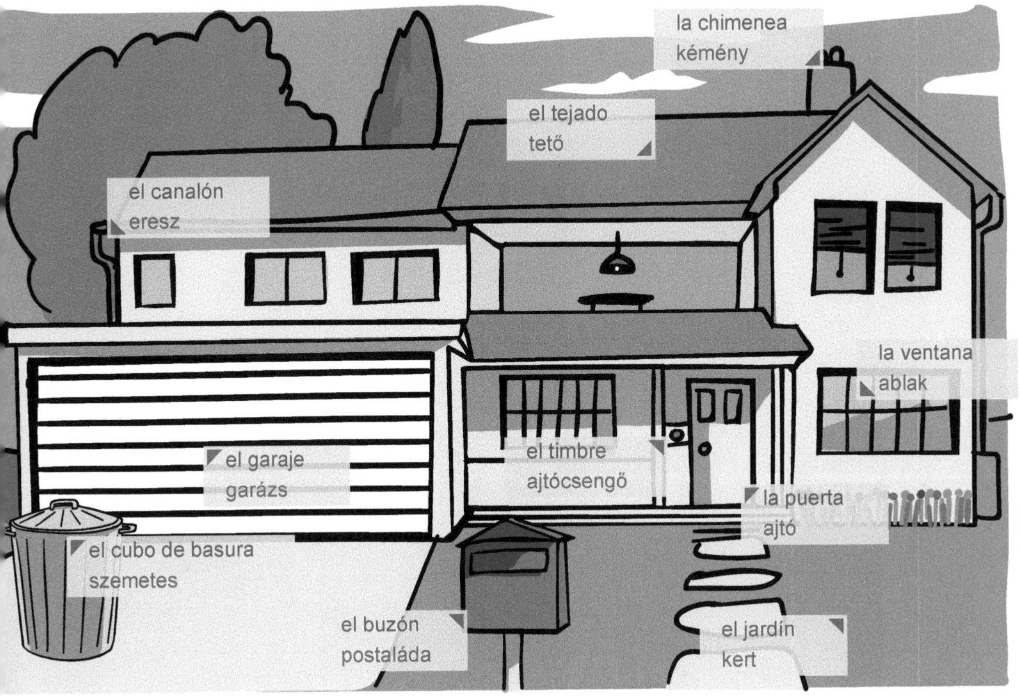

la chimenea
kémény

el tejado
tető

el canalón
eresz

la ventana
ablak

el garaje
garázs

el timbre
ajtócsengő

la puerta
ajtó

el cubo de basura
szemetes

el buzón
postaláda

el jardín
kert

la sala

nappali

el cuarto de baño

fürdőszoba

la cocina

konyha

el dormitorio

hálószoba

la habitación de los niños

gyerekszoba

el comedor

ebédlő

la casa - ház

31

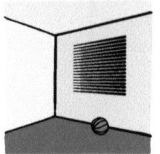

el suelo

padló

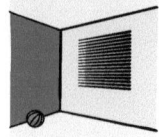

la pared

fal

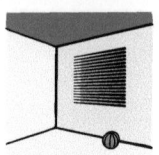

el techo

plafon

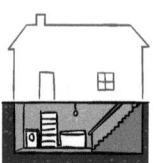

el sótano

pince

la sauna

szauna

el balcón

erkély

la terraza

terasz

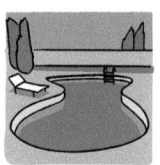

la piscina

medence

el cortacésped

fűnyíró

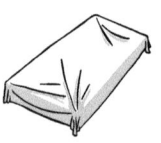

la sábana

lepedő

la colcha

ágytakaró

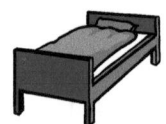

la cama

ágy

la escoba

seprű

el balde

vödör

el interruptor

kapcsoló

la sala
nappali

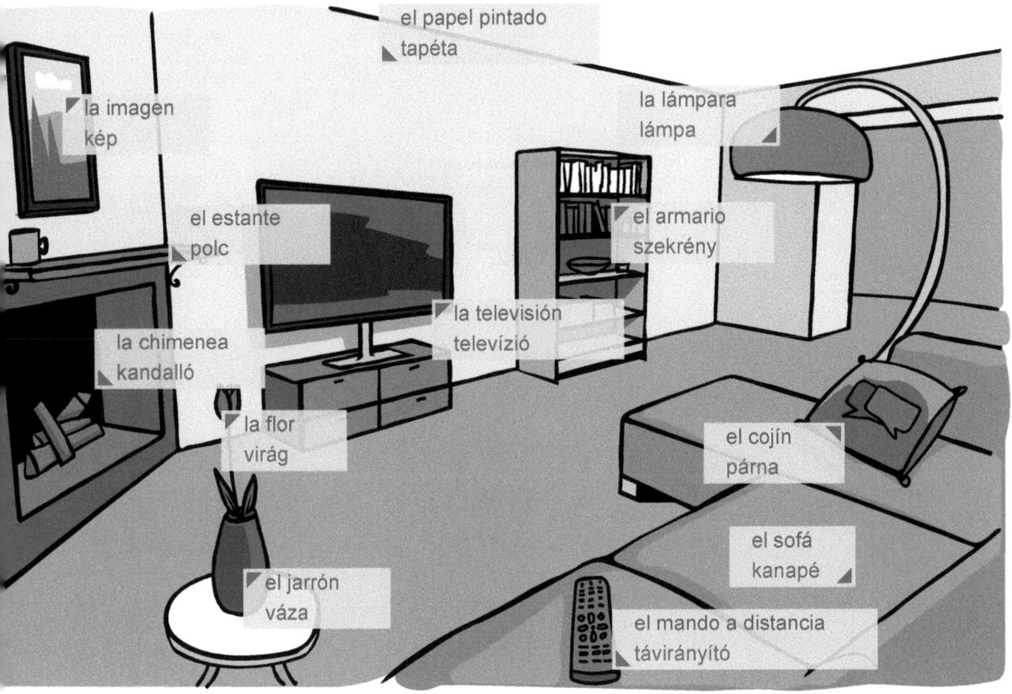

el papel pintado
tapéta

la imagen
kép

la lámpara
lámpa

el estante
polc

el armario
szekrény

la televisión
televízió

la chimenea
kandalló

la flor
virág

el cojín
párna

el sofá
kanapé

el jarrón
váza

el mando a distancia
távirányító

la alfombra
szőnyeg

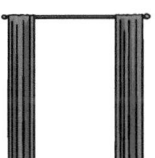

la cortina
függöny

la mesa
asztal

la silla
szék

el mecedora
hintaszék

la butaca
karosszék

la sala - nappali   33

el libro

könyv

la manta

takaró

la decoración

dekoráció

la leña

tűzifa

la película

film

el equipo de música

hifi

la llave

kulcs

el periódico

újság

la pintura

festmény

el póster

poszter

la radio

rádió

el cuaderno

jegyzetfüzet

la aspiradora

porszívó

el cactus

kaktusz

la vela

gyertya

la sala - nappali

la cocina
konyha

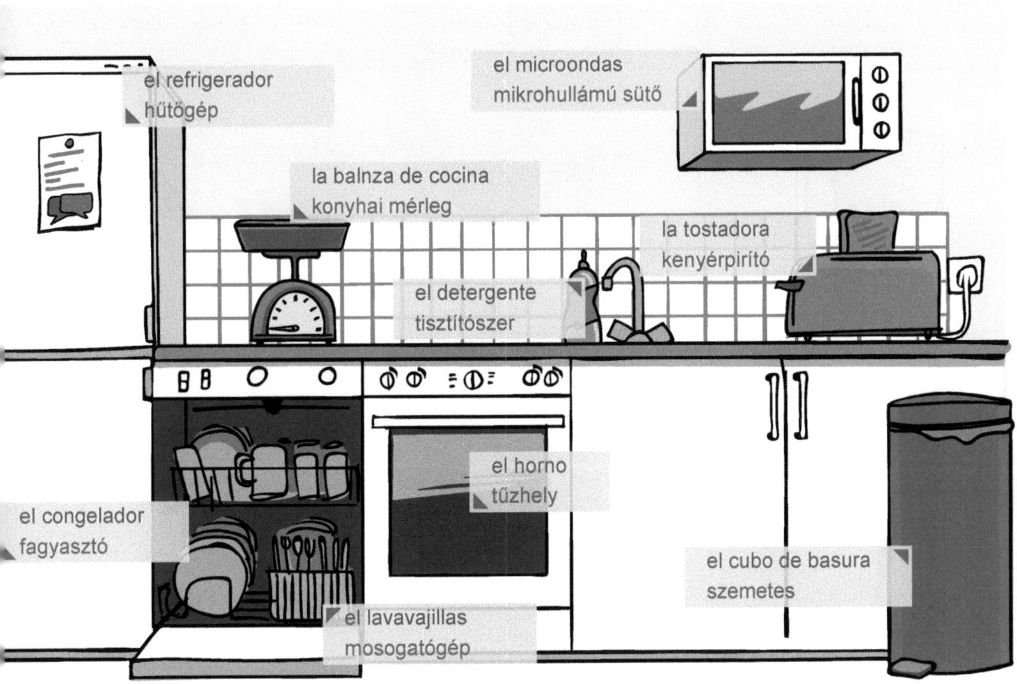

el refrigerador
hűtőgép
el microondas
mikrohullámú sütő
la balnza de cocina
konyhai mérleg
la tostadora
kenyérpirító
el detergente
tisztítószer
el horno
tűzhely
el congelador
fagyasztó
el cubo de basura
szemetes
el lavavajillas
mosogatógép

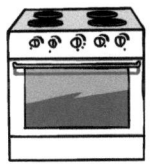

la olla a presión

tűzhely

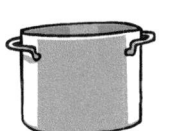

la olla

edény

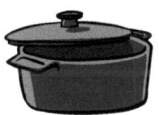

la olla de hierro fundido

vasfazék

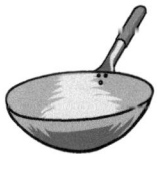

el wok

wok / kadai

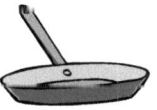

la cazuela

serpenyő

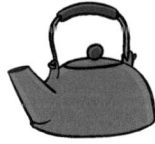

el hervidor

vízforraló

la vaporera

pároló

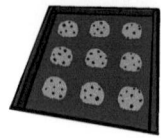

la chapa de horno

tepsi

la vajilla

étkészlet

la taza

bögre

el tazón

tálka

los palillos

evőpálcika

el cucharón

merőkanál

la espumadera

keverőlapátka

el batidor

habverő

el colador

szűrő

el cedazo

szita

el rallador

reszelő

el mortero

mozsár

la barbacoa

grillsütő

la hoguera

kandalló

la tabla de picar

vágódeszka

el rodillo

sodrófa

el sacacorchos

dugóhúzó

la lata

doboz

el abrelatas

konzervnyitó

el agarrador

edényfogó

el lavabo

mosogató

el cepillo

kefe

la esponja

szivacs

la batidora

turmixgép

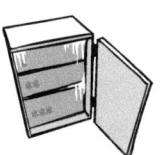

el congelador

mélyhűtő

el biberón

cumisüveg

el grifo

csap

el cuarto de baño
fürdőszoba

la calefacción
fűtés

la ducha
zuhany

la toalla
törölköző

la cortina de la ducha
zuhanyfüggöny

el baño de espuma
habfürdő

la bañera
kád

el vaso
pohár

la lavadora
mosógép

el grifo
csap

las baldosas
csempe

el orinal
bili

el lavabo
mosogató

el inodoro

toalett

el inodoro rústico

guggolós toalett

el bidé

bidé

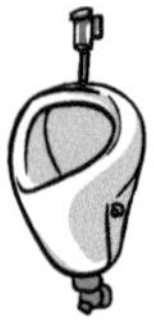

el urinario

piszoár

el papel higiénico

toalett papír

la escobilla del váter

wc kefe

el cepillo de dientes

fogkefe

la pasta de dientes

fogkrém

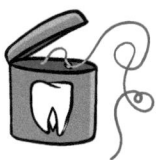

el hilo dental

fogselyem

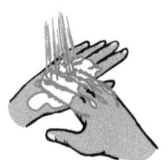

lavar

mosni

la ducha de mano

kézi zuhany

la ducha íntima

intimzuhany

la pila

mosdótál

el cepillo de espalda

hátmosó kefe

el jabón

szappan

el gel de ducha

tusfürdő

el champú

sampon

la toallita

mosdókesztyű

el desagüe

lefolyó

la crema

krém

el desodorante

dezodor

el espejo

tükör

el espejo de tocador

kézitükör

la maquinilla de afeitar

borotva

la espuma de afeitar

borotvahab

la loción postafeitado

borotválkozás utáni
arcszesz

el peine

fésű

el cepillo

hajkefe

el secador

hajszárító

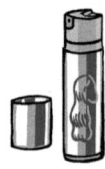

la laca

hajlakk

el maquillaje

smink

el pintalabios

ajakrúzs

el pintauñas

körömlakk

el algodón

vatta

el cortauñas

körömvágó olló

el perfume

parfüm

el estuche de viaje

neszesszer

la banqueta

sámli

la balanza

mérleg

el albornoz

köntös

los guantes de goma

gumikesztyű

el tampón

tampon

la compresa

egészségügyi betét

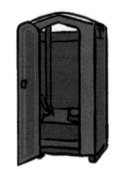

el inodoro químico

vegyi WC

la habitación de los niños
gyerekszoba

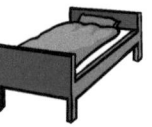

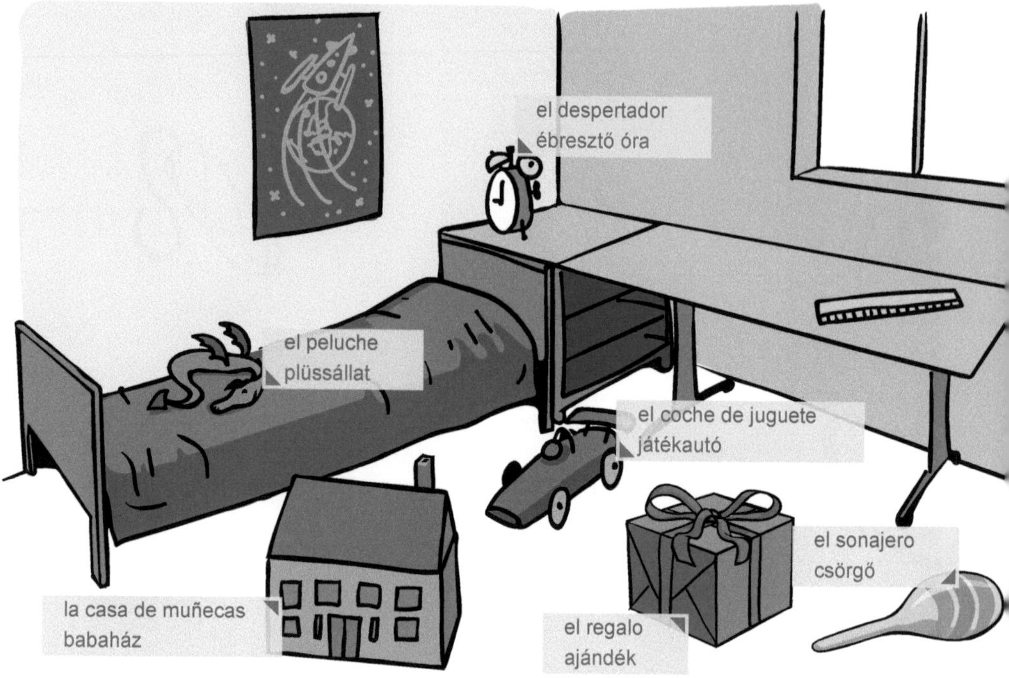
el despertador
ébresztő óra
el peluche
plüssállat
el coche de juguete
játékautó
el sonajero
csörgő
la casa de muñecas
babaház
el regalo
ajándék

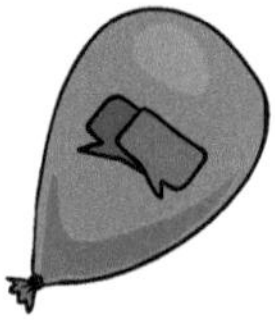

el globo

lufi

la cama

ágy

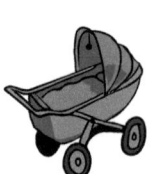

el coche de niño

babakocsi

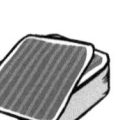

los naipes

kártyapakli

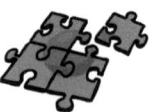

el puzle

kirakós játék

el tebeo

képregény

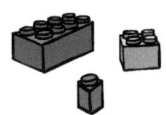

las piezas de lego

építőkockák

los bloques de juguete

építőelem

la figura de acción

szuperhős

el bodi (de bebé)

rugdalózó

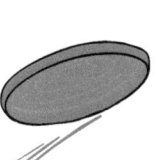

el frisbee

frizbi

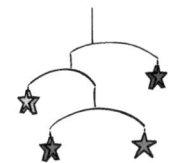

el colgador móvil para bebés

zenélő forgó

el juego de mesa

társasjáték

los dados

kocka

el circuito de tren eléctrico

modellvasút

el maniquí

cumi

la fiesta

zsúr

el álbum de fotos

képeskönyv

la pelota

labda

la muñeca

baba

jugar

játszani

el cajón de arena

homokozó

el columpio

hinta

los juguetes

játékok

la videoconsola

videójáték konzol

el triciclo

tricikli

el oso de peluche

teddi maci

la guardarropa

ruhásszekrény

la ropa
ruházat

los calcetines

zokni

las medias

harisnya

los leotardos

harisnyanadrág

la bufanda
sál

el paraguas
esernyő

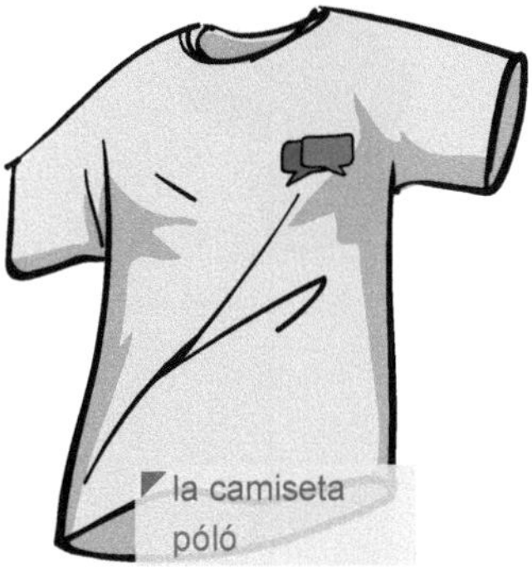

la camiseta
póló

el cinturón
öv

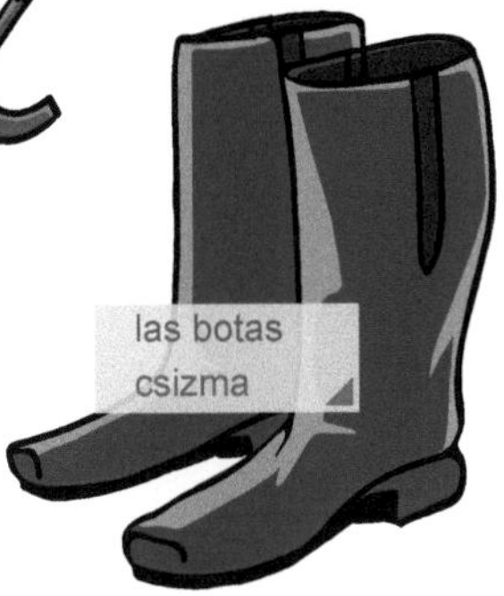

las botas
csizma

las zapatillas
papucs

las deportivas
tornacipő

las sandalias
szandál

los zapatos
cipó

las botas de goma
gumicsizma

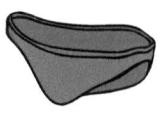

el slip
alsónadrág

el sostén
melltartó

el chaleco
mellény

la ropa - ruházat   45

el bodi

body

los pantalones cortos

nadrág

los vaqueros

farmer

la falda

szoknya

la blusa

blúz

la camisa

ing

el jersey

pulóver

el suéter

kapucnis pulóver

el blazer

blézer

la chaqueta

dzseki

el abrigo

kabát

la gabardina

esőkabát

el traje

kosztüm

el vestido

ruha

el vestido de novia

esküvői ruha

el traje

öltöny

el camisón

hálóing

el pijama

pizsama

el sati

szári

el bandana

fejkendő

el turbante

turbán

la burka

burka

el caftán

kaftán

la abaya

abaya

el traje de baño

fürdőruha

el bañador

fürdőnadrág

los pantalones cortos

rövidnadrág

el chándal

tréningruha

el delantal

kötény

los guantes

kesztyű

el botón

gomb

las gafas

szemüveg

el brazalete

karkötő

el collar

nyaklánc

el anillo

gyűrű

el pendiente

fülbevaló

la gorra

sapka

la percha

vállfa

el sombrero

kalap

la corbata

nyakkendő

la cremallera

cipzár

el casco

bukósisak

los tirantes

nadrágtartó

el uniforme

iskolai egyenruha

el uniforme

egyenruha

el babero

előke

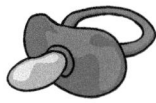

el maniquí

cumi

el pañal

pelenka

la oficina
iroda

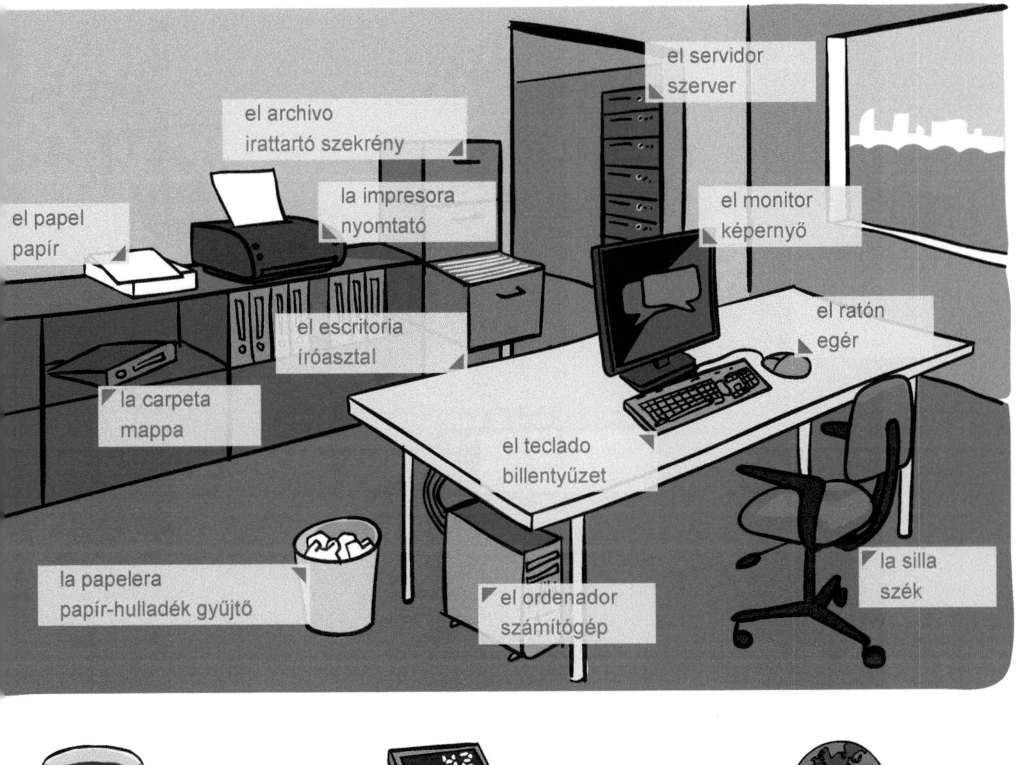

el servidor
szerver

el archivo
irattartó szekrény

la impresora
nyomtató

el monitor
képernyő

el papel
papír

el escritoria
íróasztal

el ratón
egér

la carpeta
mappa

el teclado
billentyűzet

la papelera
papír-hulladék gyüjtő

el ordenador
számítógép

la silla
szék

la taza de café

kávéscsésze

la calculadora

számológép

el internet

internet

la oficina - iroda

49

el portátil

laptop

la carta

levél

el mensaje

üzenet

el móvil

mobiltelefon

la red

hálózat

la fotocopiadora

fénymásoló

el software

szoftver

el teléfono

telefon

la toma de corriente

konnektor

el fax

faxgép

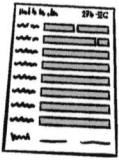

el formulario

formanyomtatvány

el documento

dokumentum

comprar
venni

pagar
fizetni

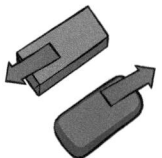

comerciar
kereskedni

el dinero
pénz

el dólar
dollár

el euro
euró

el yen
jen

el rublo
rubel

el franco suizo
svájci frank

el renminbi yuan
kínai juan

la rupia
rupia

el cajero automático
bankautomata

la oficina de cambio de divisas
valutaváltó iroda

el oro
arany

la plata
ezüst

el petróleo
olaj

la energía
energia

el precio
ár

el contrato
szerződés

el impuesto
adó

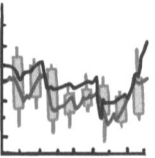

la acción
részvény

trabajar
dolgozni

el empleador
munkavállaló

el empleador
munkaadó

la fábrica
gyár

la tienda de campaña
üzlet

los oficios
foglalkozások

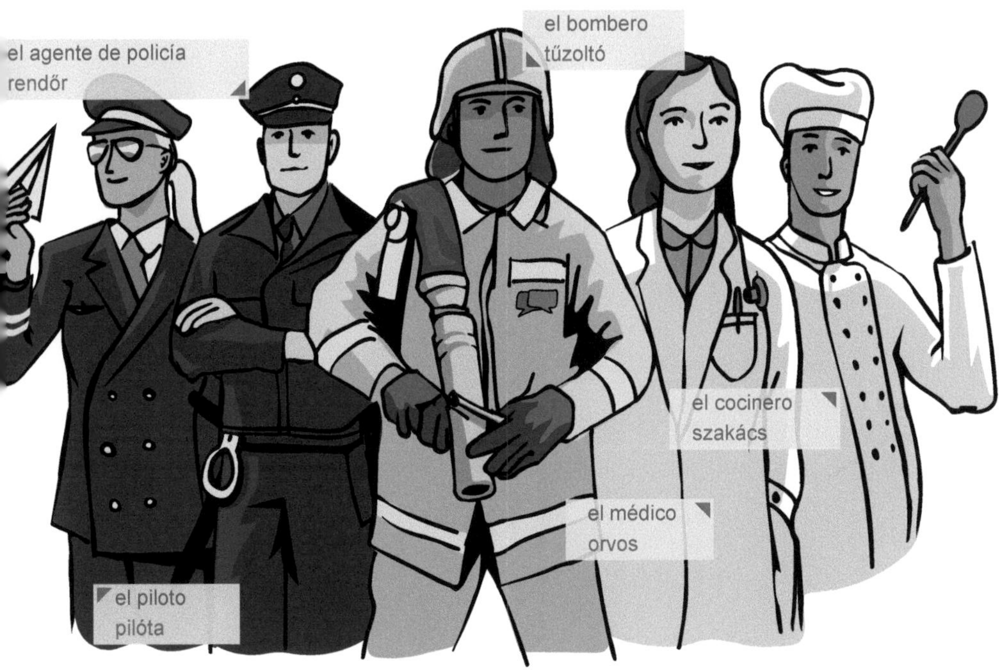
el agente de policía
rendőr
el bombero
tűzoltó
el cocinero
szakács
el médico
orvos
el piloto
pilóta

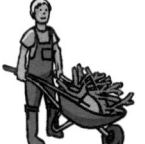

el jardinero

kertész

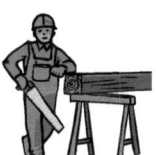

el carpintero

kárpitos

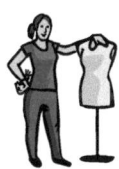

la costurera

varrónő

el juez

bíró

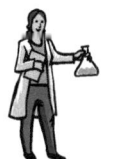

el farmacéutico

vegyész

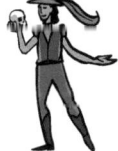

el actor

színész

el conductor de autobús

buszsofőr

el taxista

taxisofőr

el pescador

halász

la señora de la limpieza

bejárónő

el techador

tetőfedő

el camarero

pincér

el cazador

vadász

el pintor

festő

el panadero

pék

el electricista

villanyszerelő

el obrero

építőmunkás

el ingeniero

mérnök

el carnicero

hentes

el fontanero

vízvezeték-szerelő

el cartero

postás

el soldado
katona

el arquitecto
építész

el cajero
eladó

el florista
virágos

el peluquero
fodrász

el revisor
kalauz

el mecánico
műszerész

el capitán
kapitány

el dentista
fogorvos

el científico
tudós

el rabino
rabbi

el imán
imám

el monje
szerzetes

el sacerdote
lelkész

las herramientas
szerszámok

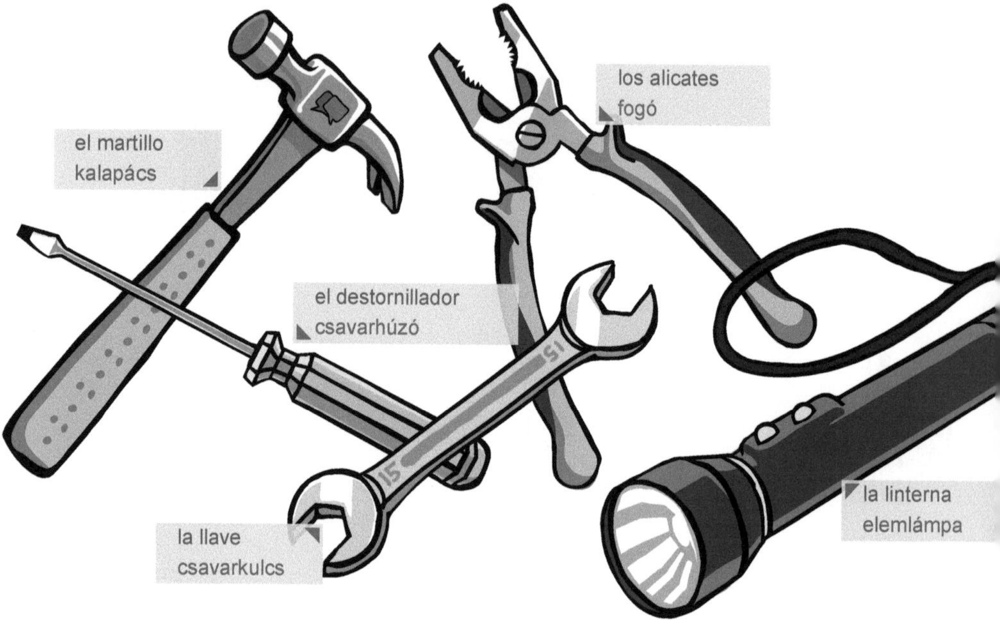

el martillo
kalapács

los alicates
fogó

el destornillador
csavarhúzó

la llave
csavarkulcs

la linterna
elemlámpa

la excavadora

markológép

la caja de herramientas

szerszámosláda

la escalera de mano

vödör

la sierra

fűrész

los clavos

szög

el taladro

fúrógép

reparar
megjavítani

la pala
lapát

¡Maldita sea!
A francba!

el recogedor
szemétlapát

el bote de pintura
festékesdoboz

los tornillos
csavar

los instrumentos musicales
hangszerek

la batería
dobfelszerelés

el altavoz
hangszóró

la guitarra
gitár

el contrabajo
nagybőgő

la trompeta
trombita

el piano

zongora

el violín

hegedű

bajo

basszusgitár

los timbales

üstdob

el tambor

dobok

el teclado

digitális zongora

el saxofón

szaxofon

la flauta

fuvola

el micrófono

mikrofon

el zoo
állatkert

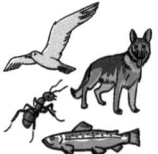

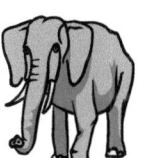

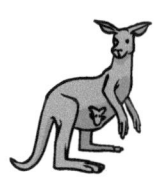

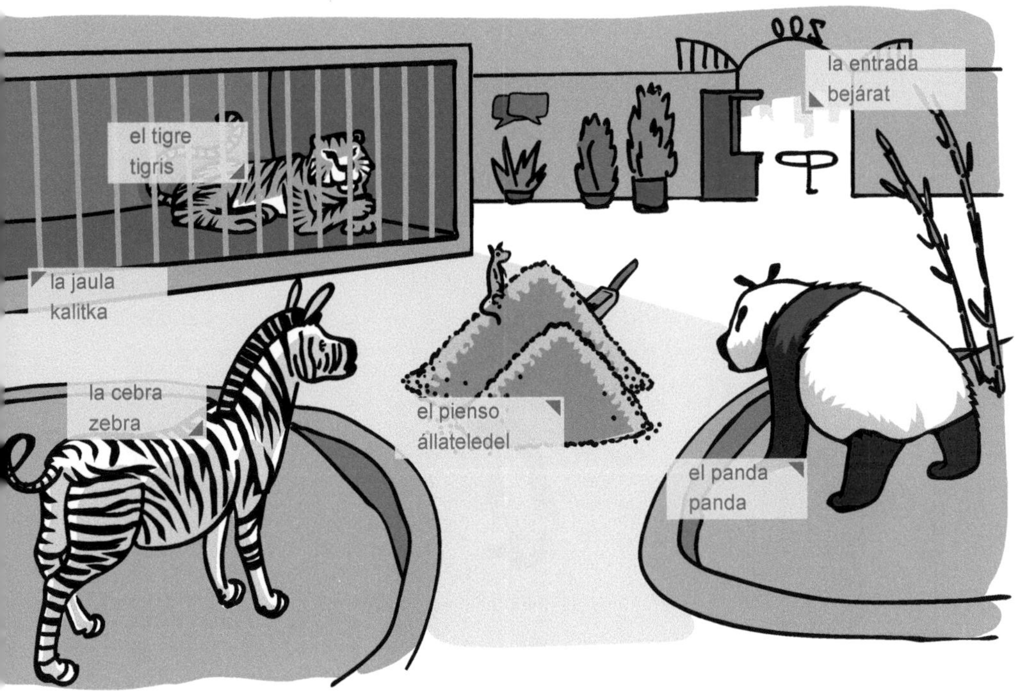

la entrada
bejárat
el tigre
tigris
la jaula
kalitka
la cebra
zebra
el pienso
állateledel
el panda
panda

los animales

állatok

el elefante

elefánt

el canguro

kenguru

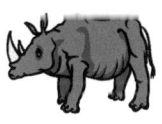

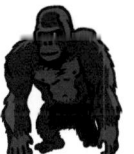

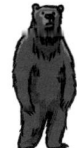

el rinoceronte

orrszarvú

el gorila

gorilla

el oso

medve

el camello	el avestruz	el león
teve	strucc	oroszlán

el mono	el flamingo	el loro
majom	flamingó	papagáj

el oso polar	el pingüino	el tiburón
jegesmedve	pingvin	cápa

el pavo real	la serpiente	el cocodrilo
páva	kígyó	krokodil

el guardián de zoológico	la foca	el jaguar
állatgondozó	fóka	jaguár

el poni

póniló

el leopardo

leopárd

el hipopótamo

víziló

la jirafa

zsiráf

el águila

sas

el jabalí

vaddisznó

el pescado

hal

la tortuga

teknős

la morsa

rozmár

el zorro

róka

la gacela

gazella

los deportes
sportok

el fútbol americano
amerikai futball

el ciclismo
kerékpározás

el tenis
tenisz

el baloncesto
kosárlabda

la natación
úszás

el boxeo
boksz

el hockey sobre hielo
jégkorong

el fútbol
futball

el bádminton
tollas

el atletismo
atlétika

el balonmano
kézilabda

el esquí
síelés

el polo
lovaspóló

reír
nevetni

saltar
ugrani

abrazar
ölelni

caminar
sétálni

cantar
énekelni

soñar
álmodni

rezar
dicsérni

besar
csókolni

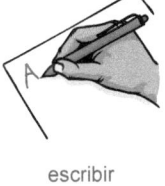

escribir
írni

dibujar
rajzolni

mostrar
mutatni

empujar
tolni

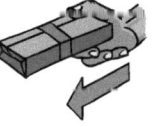

dar
adni

tomar
vinni

tener

birtokolni

hacer

csinálni

ser

lenni

estar de pie

állni

correr

futni

tirar

húzni

tirar

hajít

caer

esni

yacer

hazudni

esperar

várni

llevar

vinni

estar sentado

ülni

vestirse

felvenni

dormir

aludni

despertar

felébredni

mirar

ránézni

llorar

sírni

acariciar

simogat

peinar

fésülni

hablar

beszélni

entender

megérteni

preguntar

kérdezni

escuchar

hallgatni

beber

inni

comer

enni

ordenar

takarítani

amar

szeretni

cocinar

főzni

conducir

vezetni

volar

szállni

navegar

vitorlázni

calcular

számol

leer

olvasni

aprender

tanulni

trabajar

dolgozni

casarse

házasodni

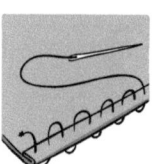

coser

varrni

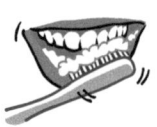

cepillarse los dientes

fogat mosni

matar

ölni

fumar

dohányozni

enviar

küldeni

la familia
család

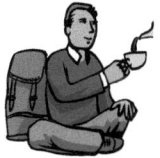

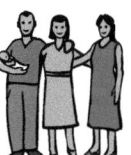

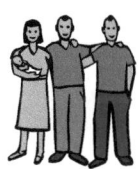

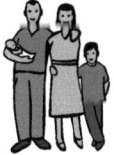

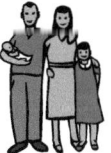

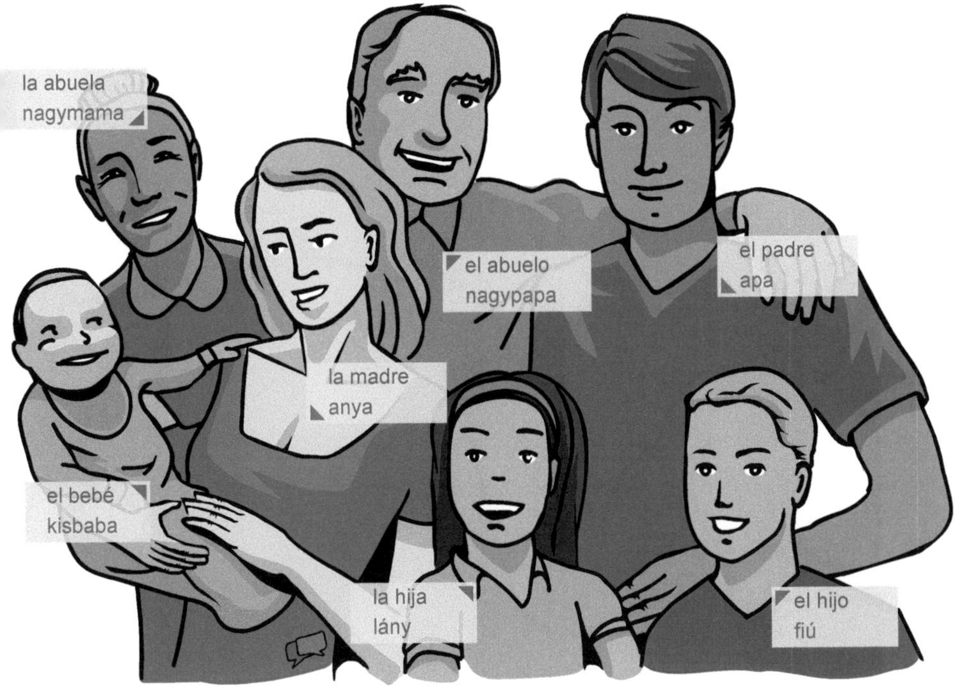
la abuela
nagymama
el abuelo
nagypapa
el padre
apa
la madre
anya
el bebé
kisbaba
la hija
lány
el hijo
fiú

el invitado

vendég

la tía

nagynéni

el tío

nagybácsi

el hermano

fiútestvér

la hermana

lánytestvér

el cuerpo

test

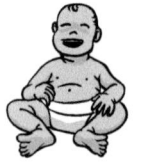

la frente
homlok
el ojo
szem
el hombro
váll
el dedo
ujj
la cara
arc
la barbilla
áll
la mano
kéz
la pierna
láb
el pecho
mell
el brazo
kar

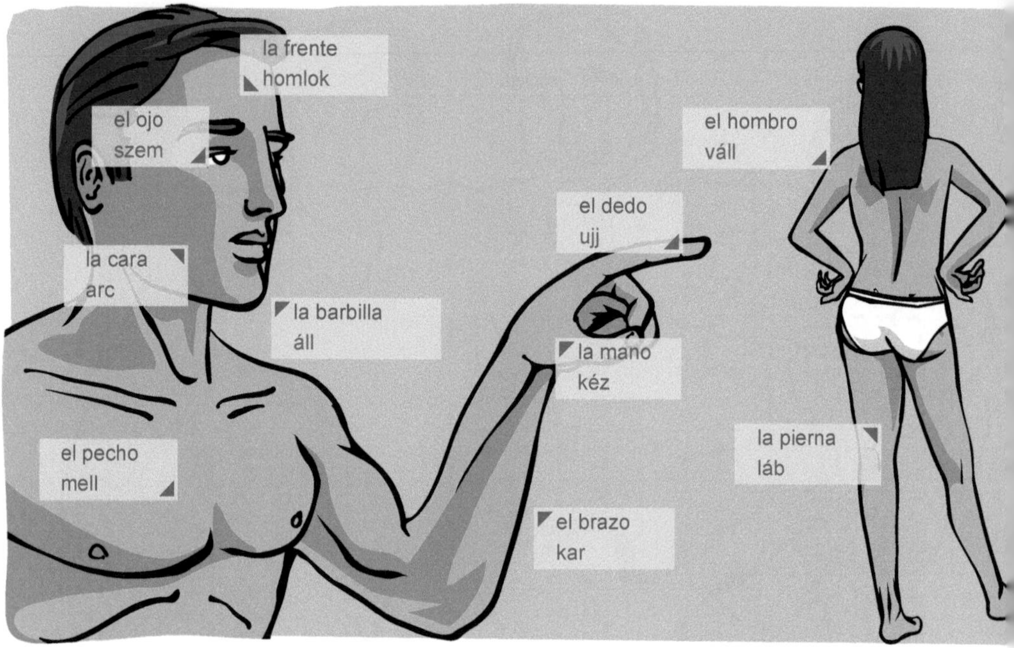

el bebé

kisbaba

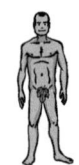

el hombre

ember

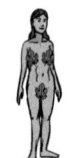

la mujer

nő

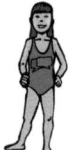

la chica

lány

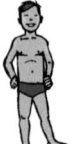

el chico

fiú

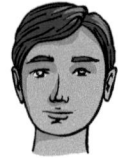

la cabeza

fej

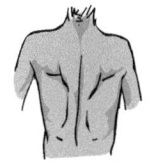

la espalda

hát

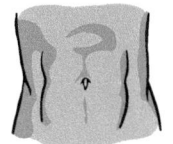

el vientre

has

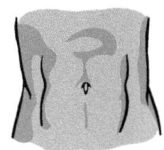

el ombligo

köldök

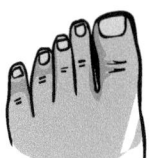

el dedo del pie

lábujj

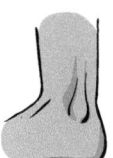

el talón

sarok

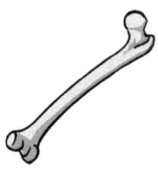

el hueso

csont

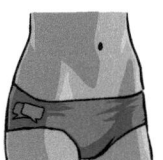

la cadera

csípő

la rodilla

térd

el codo

könyök

la nariz

orr

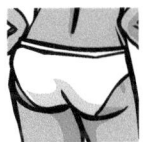

el trasero

fenék

la piel

bőr

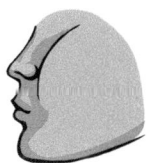

la mejilla

orca

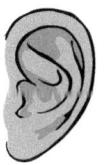

el oído

fül

el labio

ajak

	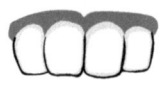	
la boca	el diente	la lengua
száj	fog	nyelv
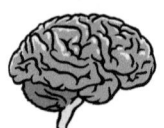		
el cerebro	el corazón	el músculo
agy	szív	izom
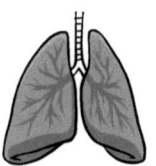		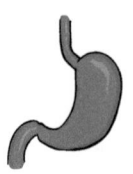
el pulmón	el hígado	el estómago
tüdő	máj	gyomor
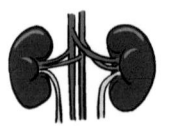		
los riñones	el sexo	el condón
vese	szex	kondom
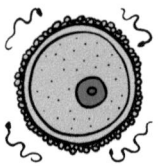		
el ovario	el semen	el embarazo
petesejt	sperma	terhesség

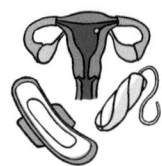

la menstruación

menstruáció

la vagina

vagina

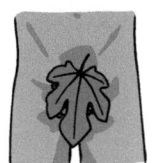

el pene

pénisz

la ceja

szemöldök

el pelo

haj

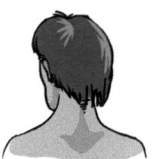

el cuello

nyak

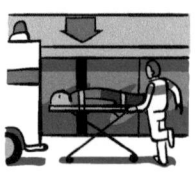

el hospital
kórház

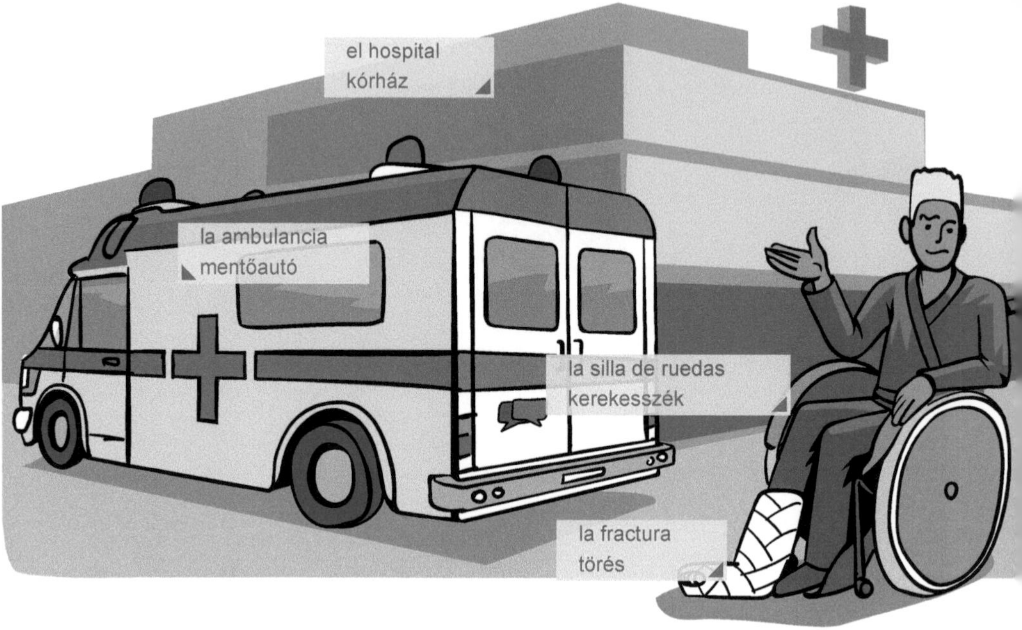

el hospital
kórház
la ambulancia
mentőautó
la silla de ruedas
kerekesszék
la fractura
törés

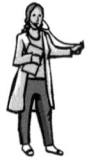

el médico

orvos

la sala de urgencias

sürgősségi osztály

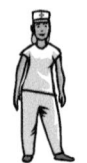

la enfermera

ápoló

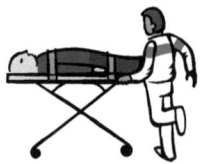

la urgencia

vészhelyzet

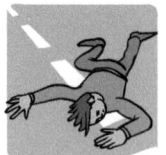

inconsciente

eszméletlen

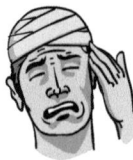

el dolor

fájdalom

la lesión

sérülés

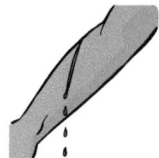

la hemorragia

vérzés

el infarto

szívroham

el ictus

szélütés

la alergia

allergia

la tos

köhögés

la fiebre

láz

la gripe

influenza

la diarrea

hasmenés

el dolor de cabeza

fejfájás

el cáncer

rák

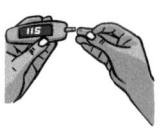

la diabetes

cukorbetegség

el cirujano

sebész

el bisturí

szike

la operación

műtét

TAC

CT

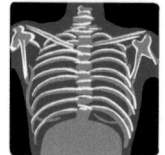

los rayos x

röntgen

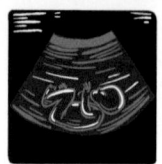

el ultrasonido

ultrahang

la mascarilla

arcmaszk

la enfermedad

betegség

la sala de espera

váróterem

la muleta

mankó

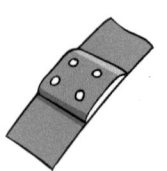

la tirita

sebtapasz

la venda

kötszer

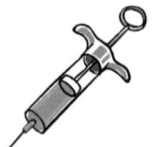

la inyección

injekció

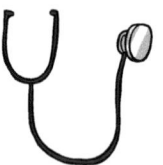

el estetoscopio

sztetoszkóp

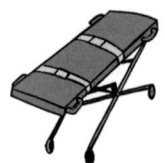

la camilla

hordágy

el termómetro

klinikai hőmérő

el nacimiento

születés

el sobrepeso

túlsúly

el audífono

hallókészülék

el desinfectante

fertőtlenítőszer

la infección

fertőzés

el virus

vírus

VIH / SIDA

HIV/AIDS

la medicina

orvosság

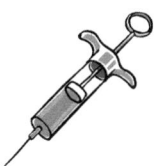

la vacunación

oltás

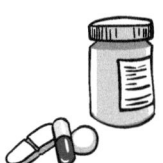

las tabletas

tabletták

la pastilla

tabletta

la llamada de urgencia

sürgősségi hívás

el tensiómetro

vérnyomásmérő

enfermo / sano

betegség / egészség

¡Socorro!

Segítség!

la alarma

riasztás

el asalto

rajtaütés

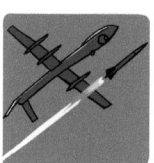

el ataque

támadás

el peligro

veszély

la salida de emergencia

vészkijárat

¡Fuego!

tűz!

el extintor de incendios

tűzoltókészülék

el accidente

baleset

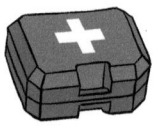

el botiquín de primeros auxilios

elsősegélycsomag

SOS

SOS

la policía

rendőrség

Europa

Európa

Norteamérica

Észak-Amerika

Sudamérica

Dél-Amerika

África

Afrika

Asia

Ázsia

Australia

Ausztrália

el atlántico

Atlanti-óceán

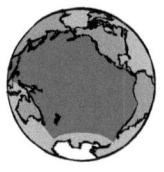

el Pacífico

Csendes-óceán

el Océano Índico

Indiai-óceán

el Océano Antártico

Déli-óceán

el Océano Ártico

Jeges-tenger

el polo norte

Északi-sark

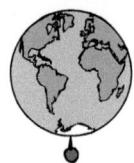

el polo sur

Déli-sark

La Antártida

Antarktisz

la tierra

föld

la tierra

szárazföld

el mar

tenger

la isla

sziget

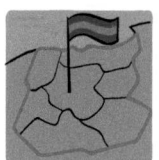

la nación

nemzet

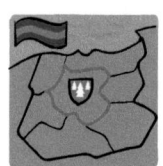

el estado

állam

la esfera

számlap

la manecilla de las horas

kismutató

el minutero

nagymutató

el segundero

másodpercmutató

¿Qué hora es?

Mennyi az idő?

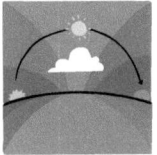

el día

nap

el tiempo

idő

ahora

most

el reloj digital

digitális óra

el minuto

perc

la hora

óra

la semana

hét

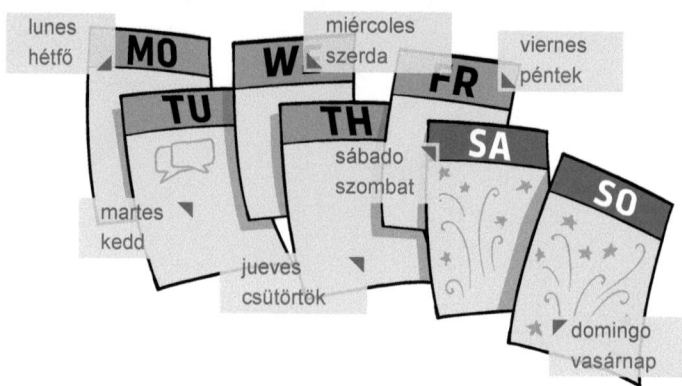

lunes / hétfő
miércoles / szerda
viernes / péntek
martes / kedd
jueves / csütörtök
sábado / szombat
domingo / vasárnap

ayer

tegnap

hoy

ma

mañana

holnap

la mañana

reggel

el mediodía

dél

la tarde

este

los días laborables

hétköznap

el fin de semana

hétvége

el año
év

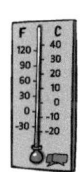

la lluvia
eső
el arcoíris
szivárvány
la nieve
hó
el viento
szél
la primavera
tavasz
el otoño
ősz
el verano
nyár
el invierno
tél

4.APRIL 11°
5.APRIL 4°
6.APRIL 13°
7.APRIL 8°
8.APRIL 10°

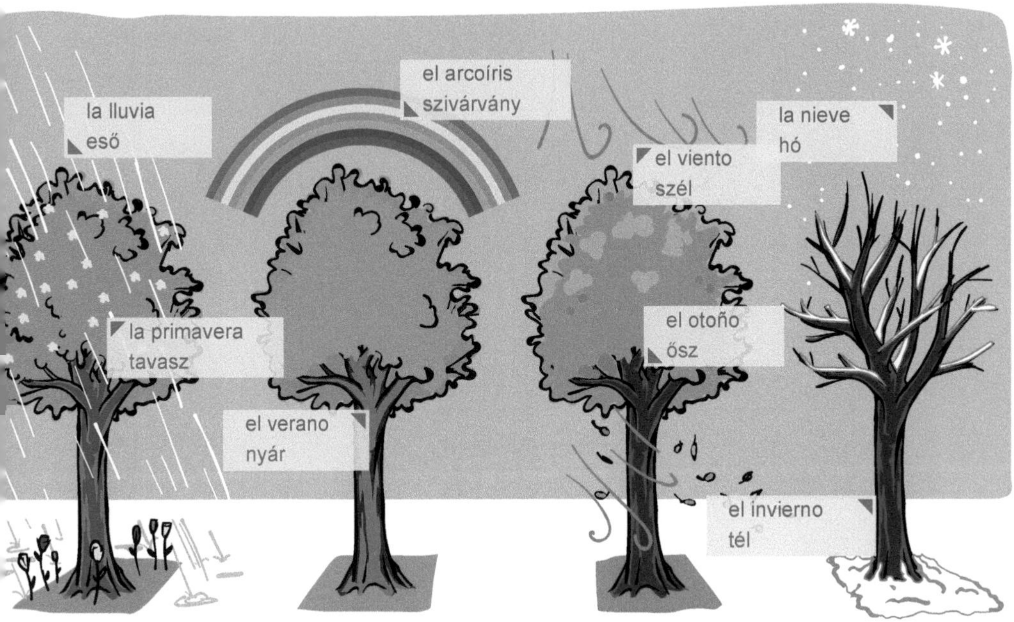

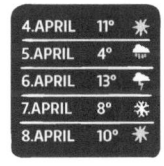

el pronóstico del tiempo

időjárás előrejelzés

F C
120 40
90 30
60 20
30 10
0 0
-30 -10
-20

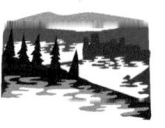

el termómetro

hőmérő

el sol

napsütés

la nube

felhő

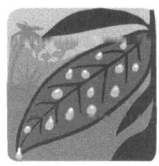

la niebla

köd

la humedad

páratartalom

el rayo

villámlás

el trueno

mennydörgés

la tormenta

vihar

el granizo

jégeső

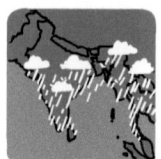

el monzón

monszun

la inundación

áradás

el hielo

jég

enero

január

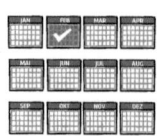

febrero

február

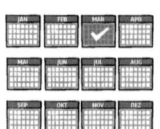

marzo

március

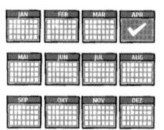

abril

április

mayo

május

junio

június

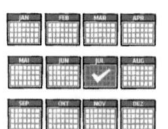

julio

július

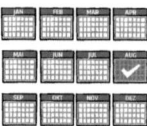

agosto

augusztus

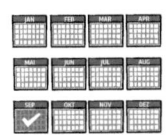

septiembre

szeptember

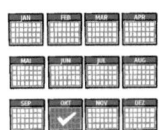

octubre

október

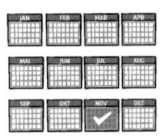

noviembre

november

diciembre

december

las formas
alakzatok

el círculo

kör

el cuadrado

négyzet

el rectángulo

téglalap

el triángulo

háromszög

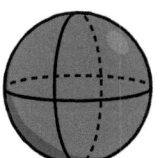

la esfera

gömb

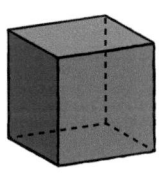

el cubo

kocka

blanco

fehér

amarillo

sárga

anaranjado

narancs

rosa

rózsaszín

rojo

piros

morado

lila

azul

kék

verde

zöld

marrón

barna

gris

szürke

negro

fekete

mucho / poco

sok / kevés

enojado / tranquilo

mérges / nyugodt

bonito / feo

szép / csúnya

principio / fin

kezdet / vég

grande / pequeño

nagy / kicsi

claro / oscuro

világos / sötét

el hermano / la hermana

fivér / nővér

limpio / sucio

tiszta / koszos

completo / incompleto

teljes / nem teljes

el día / la noche

nappal / éjszaka

muerto / vivo

halott / élő

ancho / estrecho

széles / keskeny

comestible / no comestible

ehető / nem ehető

malo / amable

gonosz / kedves

entusiasmado / aburrido

izgatott / unott

gordo / delgado

kövér / vékony

primero / último

első / utolsó

el amigo / el enemigo

barát / ellenség

lleno / vacío

teli / üres

duro / blando

kemény / puha

pesado / ligero

nehéz / könnyű

el hambre / la sed

éhség / szomjúság

enfermo / sano

betegség / egészség

ilegal / legal

illegális / legális

inteligente / tonto

intelligens / buta

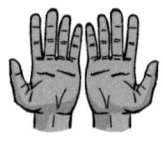

izquierda / derecha

bal / jobb

cerca / lejos

közel / távol

los opuestos - ellentétek

nuevo / usado

új / használt

nada / algo

semmi / valami

viejo / joven

idős / fiatal

encendido / apagado

be / ki

abierto / cerrado

nyitva / zárva

silencioso / ruidoso

csendes / hangos

rico / pobre

gazdag / szegény

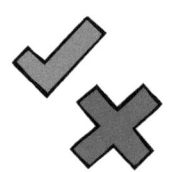

correcto / incorrecto

helyes / helytelen

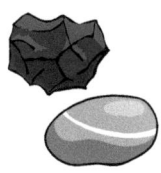

áspero / suave

érdes / sima

triste / contento

szomorú / vidám

corto / largo

rövid / hosszú

lento / rápido

lassú / gyors

húmedo / seco

nedves / száraz

cálido / frío

meleg / hideg

guerra / paz

háború / béke

los números
számok

0
cero
nulla

1
uno
egy

2
dos
kettő

3
tres
három

4
cuatro
négy

5
cinco
öt

6
seis
hat

7
siete
hét

8
ocho
nyolc

9
nueve
kilenc

10
diez
tíz

11
once
tizenegy

12

doce
tizenkettő

13

trece
tizenhárom

14

catorce
tizennégy

15

quince
tizenöt

16

dieciséis
tizenhat

17

diecisiete
tizenhét

18

dieciocho
tizennyolc

19

diecinueve
tizenkilenc

20

veinte
húsz

100

cien
száz

1.000

mil
ezer

1.000.000

el millón
millió

el inglés

angol

el inglés americano

amerikai angol

el chino madarín

mandarin kínai

el hindi

hindi

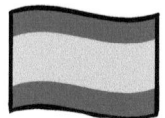

el español

spanyol

el francés

francia

el árabe

arab

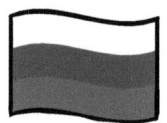

el ruso

orosz

el portugués

portugál

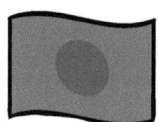

el bengalí

bengáli

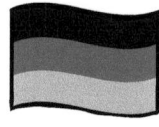

el alemán

német

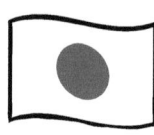

el japonés

japán

yo

én

tú

te

él / ella / ello

ő

nosotros/as

mi

vosotros/as

ti

ellos/as

ők

¿quién?

ki?

¿qué?

mi?

¿cómo?

hogyan?

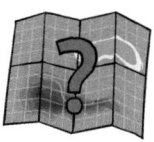

¿dónde?

hol?

¿cuándo?

mikor?

el nombre

név

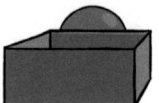

detrás

mögött

en

benne

delante de

előtte

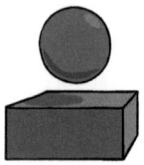

por encima de

felette

sobre

rajta

debajo de

alatta

junto a

mellett

entre

között

el lugar

hely